# BEI GRIN MACHT SICH IHR WISSEN BEZAHLT

- Wir veröffentlichen Ihre Hausarbeit,
  Bachelor- und Masterarbeit

- Ihr eigenes eBook und Buch -
  weltweit in allen wichtigen Shops

- Verdienen Sie an jedem Verkauf

Jetzt bei www.GRIN.com hochladen
und kostenlos publizieren

Maxi Mustermann

# Das Leben von Napoleon Bonaparte

GRIN Verlag

**Bibliografische Information der Deutschen Nationalbibliothek:**

Die Deutsche Bibliothek verzeichnet diese Publikation in der Deutschen National-
bibliografie; detaillierte bibliografische Daten sind im Internet über http://dnb.d-
nb.de/ abrufbar.

**Impressum:**

Copyright © 2012 GRIN Verlag GmbH
Druck und Bindung: Books on Demand GmbH, Norderstedt Germany
ISBN: 978-3-656-43722-2

**Dieses Buch bei GRIN:**

http://www.grin.com/de/e-book/215227/das-leben-von-napoleon-bonaparte

**GRIN - Your knowledge has value**

Der GRIN Verlag publiziert seit 1998 wissenschaftliche Arbeiten von Studenten, Hochschullehrern und anderen Akademikern als eBook und gedrucktes Buch. Die Verlagswebsite www.grin.com ist die ideale Plattform zur Veröffentlichung von Hausarbeiten, Abschlussarbeiten, wissenschaftlichen Aufsätzen, Dissertationen und Fachbüchern.

**Besuchen Sie uns im Internet:**

http://www.grin.com/

http://www.facebook.com/grincom

http://www.twitter.com/grin_com

# Inhaltsverzeichnis

# 1 Napoleons Leben

## 1.1 Die Familie Napoleons

### 1.1.1 Napoleon Buonaparte

Napoleone di Buonaparte, wie er mit seinem ursprünglichen Namen hieß, ist am 15. August 1769 in Ajaccio, der größten Stadt auf Korsika, geboren worden. Zu dieser Zeit hatte Korsika die Souveränitätsrechte an Frankreich abgetreten und musste somit nicht mehr autonom sondern von den Franzosen abhängig. Napoleon musste in schon in jungen Jahren mitansehen, wie das korsische Volk von den absolutistischen Franzosen unterdrückt wurde. ( Volker Ulrich, 2004 )

*Abb. 1: Napoleon Bonaparte (Gemälde von George Baxter)*

Die Korsen wehrten sich zunächst gegen die unterdrückende Herrschaft Frankreichs. In der Schlacht bei Pontenuovo am 8. Mai 1769 wurde jedoch die Unabhängigkeitsbewegung vernichtend geschlagen. So beschreibt Napoleon am 12. Juni 1789 die Umstände zu seiner Zeit in einem Brief an den Führer der Unabhängigkeitsbewegung, Pasquale Paoli, wie folgt:

> „ Ich kam auf die Welt, als das Vaterland zugrunde ging. […] Dreißigtausend Franzosen überschwemmten unsere Küste, befleckten den Thron der Freiheit mit Strömen von Blut: das war das hassenswerte Schauspiel, das sich meinen jungen Augen bot. Die Schreie der Sterbenden, das Zittern der Unterdrückten, Tränen und Verzweiflung umgaben meine Wiege seit meiner Geburt." (Volker Ulrich, 2004, S. 12f.)

### 1.1.2 Carlo Buonaparte

Der Vater Carlo Buonaparte war ein Anhänger des Pasquale Paoli, doch nach der Schlacht bei Pontenuovo wechselte er die Seite und wandte sich nun dem französischen Heer zu. Die Franzosen beförderten ihn vom Advokaten zum Assessor in Ajaccio. Schließlich wurde er als Deputierter des korsischen Adels an den französischen Hof nach Versailles entsandt. ( Volker Ulrich, 2004)

### 1.1.3  Letizia Buonaparte

Von der Mutter wurde gesagt, dass sie einer der schönsten Frauen in der Stadt sei. Im Jahre 1764 heiratete die korsische Schönheit mit nur vierzehn Jahren Carlos Buonaparte. Napoleon (Volker Ulrich, 2004, S. 14) beschrieb seine Mutter als liebevoll und intelligent: „ Eine Mutter, wie es nur wenige gibt – eine herrliche Frau von vielem Verstande".

### 1.1.4  Die übrigen Kinder

Napoleon war nicht das einzige Kind der erfolgreichen Napoleon-Familie. Joseph, der Älteste der Kinder, wurde 1768 geboren, ein Jahr später folgte Napoleon. 1775 und 1777 kamen die ersten Töchter, Lucien und Elisa, der Familie auf die Welt. Danach folgten noch Louis, 1778, Pauline, 1780, Caroline, 1782, und Jerome, 1784. (Volker Ulrich, 2004)

## 1.2  Napoleons Kindheit

Im Dezember 1778 verließ die Familie Korsika um nach Frankreich zu ziehen. Mit neun Jahren wurde Napoleon in das College von Autun geschickt um dort die französische Sprache zu lernen. Im Mait 1779 ging er nach zu einer Militärschule in Brienne. (Napoleon Bonaparte (2013). Zugriff am 13. Januar 2013 unter http://de.wikipedia.org/wiki/Napoleon_Bonaparte)

1783 kam Napoleon als Offiziersaspirant auf die Ecole militaire du Champs-de-Mars. Diese Militärschule war die berühmteste Schule in ganz Frankreich. Zu seiner Schulzeit empfand Napoleon starken gesellschaftlichen Abstand zu seinen Mitschülern. Er wurde von seinen Mitschülern gehänselt, wehrte den Angriff auf sein Ehrgefühl aber mit stolzer Abwehr ab. (Napoleon Bonaparte (2013). Zugriff am 13. Januar 2013 unter http://de.wikipedia.org/wiki/Napoleon_Bonaparte)

Napoleon wurde von seinen Lehren als ein sehr intelligenter Schüler gelobt. Dies zeigt sich auch dadurch, dass er bereits nach einem Jahr, statt den üblichen zwei Jahren, das Examen in der Militärschule ablegte und mit nur sechzehn Jahren zum Sekondeleutnant in Valence ernannt wurde. (Napoleon Bonaparte (2013). Zugriff am 13. Januar 2013 unter http://de.wikipedia.org/wiki/Napoleon_Bonaparte)

## 1.3 Napoleons Aufstieg

Mit dem Beginn der französischen Revolution erhoffte sich Napoleon heimlich die Unabhängigkeit von Korsika. Obwohl er die meiste Zeit seines bisherigen Lebens in Frankreich verbracht hatte, war Napoleon schon immer ein Patriot: „Ich war damals 18 Jahre alt, hatte einen glühenden Patriotismus und liebte die Freiheit: republikanische Ideen strömten aus allen Poren meiner Haut." (Volker Ulrich, 2004, S. 21)

1789 machte Napoleon Urlaub in Korsika und verlängerte ihn bis 1791. Als er von seinem verlängerten Urlaub nach Auxonne zurückkehrte, wurde er schwer kritisiert. Doch seine Taten blieben unbestraft. Er wurde sogar zum Premierleutnant in Valence ernannt. 1792 wurde Napoleon, wegen erneutem Überschreiten seines Urlaubs, entlassen. Napoleon brach kurz darauf nach Paris auf, um sich dort zu rechtfertigen. Daraufhin wurde er wiederaufgenommen und zusätzlich noch zum Hauptmann befördert. (Volker Ulrich, 2004)

Napoleon versuchte immer wieder einen korsischen Aufstand gegen die französische Regierung anzuzetteln, doch es gelang ihm nicht. Am 11. Juni 1793 musste er mit seiner gesamten Familie Korsika verlassen. Aufgrund dieser fehlgeschlagenen Versuche, fühlte er sich nun als vollständiger Franzose. Nichts sollte mehr an seine korsischen Ursprünge erinnern, so änderte er seinen Namen von „Napoleone di Buonaparte" in „Napoleon Bonaparte". (Volker Ulrich, 2004)

Napoleon eroberte die Hafenstadt Toulon. Diese Stadt war von großer militärischer Bedeutung. Für seine Taten wurde Napoleon am 22. Dezember zum Brigadegeneral ernannt. Augustin Robespierre gab den erst fünfundzwanzigjährigen General das Kommando über Artillerie der Italien-Armee. Napoleon plante einen Angriff gegen die Gebiete oberhalb von Italien. Als Robespierre aber verhaftet und zusammen mit 21 Anhängern hingerichtet wurde, wurde der Plan vereitelt. Napoleon wurde am 28. Juli 1794 verhaftet, kam aber am 20. August desselben Jahres wieder aus dem Gefängnis raus. Kurze Zeit später wurde er zum Oberbefehlshaber der Armee im Inneren ernannt. (Volker Ullrich, 2004)

Wenig später lernte der junge General Josephine de Beauharnais kennen. Diese Beziehung öffneten ihm neue Türen, denn Josephine verfügte über Beziehungen zu einflussreichen Leuten. Am 9. März 1796 heiratete er sie. (Volker Ulrich, 2004)

## 1.4 Die ersten zwei großen Kriege

### 1.4.1 Frankreich gegen Österreich

Am 10. Mai 1796 musste sich Napoleon seinen ersten großen Gegner entgegenstellen: Die Österreicher. Doch sie waren den taktischen Feldzügen des intelligenten Generals unterlegen und verloren die Schlacht bei Lodi. Österreich verlor somit die Vorherrschaft in Italien an Napoleon Bonaparte. Nach der Besetzung Roms schloss Napoleon gegen den Willen des Direktoriums einen Friedensvertrag mit dem Papst. (Gunther Rothenberg, 2000)

### 1.4.2 Frankreich gegen Ägypten

Paul de Barras, der Präsident des Nationalkonvents, schickte Napoleon nach Ägypten. Am 1. Juli 1798 erreichte Napoleon mit 26 Kriegsschiffen und dreihundert Transportschiffen die Bucht von Alexandria. Am 21. Juli besiegt das französische Heer das Volk der Mameluken vor den Pyramiden. Die Legende besagt, dass Napoleon am Ende der Schlacht folgende Worte gesagt haben soll: „Soldaten! Bedenkt, dass von der Höhe dieser Pyramiden vier Jahrtausende auf euch herabsehen!" (Volker Ulrich, 2004, S. 45)

*Abb. 2: Die Schlacht bei den Pyramiden (Gemälde von Lejeune Louis Francois, 1806. Versailles, Chateaux de Versailles et de Trianos)*

Doch Horatio Nelson, ein britischer General, besiegte das französische Heer in der Schlacht in Abukir im Nildelta und schnitt Napoleon somit vom Nachschub ab. Am 12. September erklärte der türkische Sultan Frankreich den Krieg. Napoleon zog gegen die Türken in Syrien und richtete ein schreckliches Blutbad an. Viele Tausende Gefangene wurden erschlagen. Napoleon hielt es nicht länger in Ägypten aus, übergab das Kommando an Jean Baptiste Kleber und verließ Alexandria. (Gunther Rothenberg, 2000).

## 1.5 Vom Konsul auf Lebenszeit zum Kaiser

Am 9. November 1799 wurden das Direktorium und die Kammern des Parlaments durch Napoleon aufgelöst. So gelang es ihm die legislative und die exekutive in seine Hände zu reißen. Die Französische Revolution war somit vorüber und das Volk sehnte sich nach einem Mann der die Ordnung im französischen Reich wiederherstellt. Napoleon gelang es die Wirtschaft zu stabilisieren. Das Volk hatte endlich einen starken Mann gefunden. Am 2. August 1802 wurde er schließlich zum Konsul auf Lebenszeit ernannt. (Volker Ulrich, 2004)

Am 21. März 1804 wurde das Dokument „Code civil des Francais", in dem die Errungenschaften beschrieben werden, die nach der Französischen Revolution erreicht wurden: Die Abschaffung des Zunftzwangs und der feudalen Gesellschaftsstruktur, die Gleichheit aller Bürger vor dem Gesetz, die Trennung von Kirche und Staat und vieles mehr. Das Volk war begeistert. So ergriff Napoleon die Chance und ließ sich in Notre Dame von Papst Pius VII     am 2. Dezember 1804 auf eigenem Wunsch zum Kaiser krönen. Seine Familie profitierte von dem Ruhm, so wurde zum Beispiel seine älterer Bruder zum König von Neapel und später zum König von Spanien ernannt. (Volker Ulrich, 2004)

*Abb. 3: Die Kaiserkrönung in Notre Dame (Gemälde von Jacques-Louis David)*

## 1.6   3 Kaiser treffen aufeinander: Die Dreikaiserschlacht

Am 21. Oktober 1805 wurde die französisch spanische Armada in der Seeschlacht bei Trafalgar vernichtend geschlagen. Somit ging die Seeherrschaft, dank dem britischen Admiral Horatio Nelson, der in diesem Krieg gefallen ist, nun an die Briten. (Volker Ulrich, 2004)

Am 8. September 1805 rückten die Österreicher, unter Führung von Kaiser Franz II, in Bayern, dass damals mit Frankreich verbündet war, und die Russen, unter Führung von Zar Alexander, in Richtung Frankreich, ein. Obwohl Napoleons Armee zahlenmäßig deutlich unterlegen war, gelang es ihm dennoch, durch seine taktische Feldzüge, die beiden gegnerischen Armeen, in der sogenannten „Dreikaiserschlacht" bei Austerlitz, zu besiegen. (Volker Ulrich, 2004)

## 1.7   Die Neuordnung Europas unter Napoleon

### 1.7.1   Napoleon in Berlin

König Friedrich III, der König von Preußen, verlangte von Napoleon den Abzug von Süddeutschland. Doch Napoleon war Preußen zu dieser Zeit deutlich überlegen. Am 14. Oktober 1805 besiegte Napoleon in der Doppelschlacht von Jena und Auerstedt das preußische Heer. Der König war gezwungen nach Ostpreußen zu flüchten. Am 27. Oktober betrat Napoleon Berlin. (Volker Ulrich, 2004)

### 1.7.2   Napoleon in Polen

Am 2. Januar 1807 zog Napoleon in Polen ein und gründete dort das Großherzogtum Warschau. (Volker Ulrich, 2004)

## 1.8   Napoleons einziges Kind

Mit der Zeit wurde Napoleon immer mächtiger, so suchte er nach einem Thronerben. Da er es für ziemlich unwahrscheinlich hielt, dass seine derzeitige Frau Josephine ein Kind zur Welt bringen konnte, ließ er sich am 15. Dezember 1809 von ihr scheiden. Im Frühjahr 1810 machte Napoleon am 1. April 1811 Marie-Louise, die achtzehnjährige Tochter des österreichischen Kaisers, zu seiner Frau. Am 20. März 1811 wurde Napoleons einziger Sohn Napoléon-François-Joseph-Charles oder auch Napoleon II geboren. (Volker Ulrich, 2004)

## 1.9 Napoleons Rückzug aus Russland

Am 24. Juni 1812 überschritt Napoleon mit einer mächtigen Armee den Grenzfluss Njemen. Gegen die Einwände seiner Berater wollte er, ohne eine Kriegserklärung, mit 600 000 Mann gegen Russland ziehen. Schon am Anfang verlief nicht alles nach Plan: Der türkische Sultan schloss einen Friedensvertrag mit dem Zar, anstatt sich mit Frankreich zu verbünden und gegen Russland vorzugehen. (Gunther Rothenberg, 2000)

Als Napoleon in Russland einrückte, mussten die Soldaten mit Nachschubs- und Versorgungsschwierigkeiten schlagen. Um den Druck auf Zaren zu erhöhen, nahm er am 14 September 1812 Moskau ein. Allerding stellte sich der Zar auch jetzt nicht einer Entscheidungsschlacht. Die Franzosen waren zu einem Rückzug gezwungen, dabei verloren tausende Soldaten ihr Leben. Am 18 Dezember 1812 erreichte Napoleon schließlich Paris. (Gunther Rothenberg, 2000)

## 1.10 Napoleons Untergang: Europa gegen Frankreich

Großbritannien, Schweden, Preußen und Österreich schlossen sich den Russen an und erklärten en Krieg gegen Frankreich. Am 19. Oktober 1813 verlor Napoleon in der Schlacht bei Leipzig 80 000 Mann und war gezwungen sich mit den restlichen 120 000 zurückzuziehen. (Georges Lefebvre, 2001)

Zar Alexander I., König Friedrich Wilhelm III. und der österreichische Feldmarschall Fürst zu Schwarzenberg belagerten am 31. März 1814 die Hauptstadt Frankreichs. Am 2. April 1814 wurde Napoleon gezwungen seinen Kaisertitel abzulegen. Napoleon wurde nach Elba verbannt, wo er am 3. Mai eintraf. (Georges Lefebvre, 2001)

Am 26. Februar 1815 verließ er die Insel und ging nach Tuilerien. Bei Waterloo stellte er sich dem preußischen und englischen Heer und wurde vernichtend geschlagen.

Am 22. Juni 1815 dankte Napoleon ab. Die Briten verbannten ihn auf die Insel Sankt Helena. Am 5. Mai 1821 starb Napoleon Bonaparte im Alter von zweiundfünfzig Jahren. Als offizielle Todesursache wurde Magenkrebs angegeben. (Georges Lefebvre, 2001)

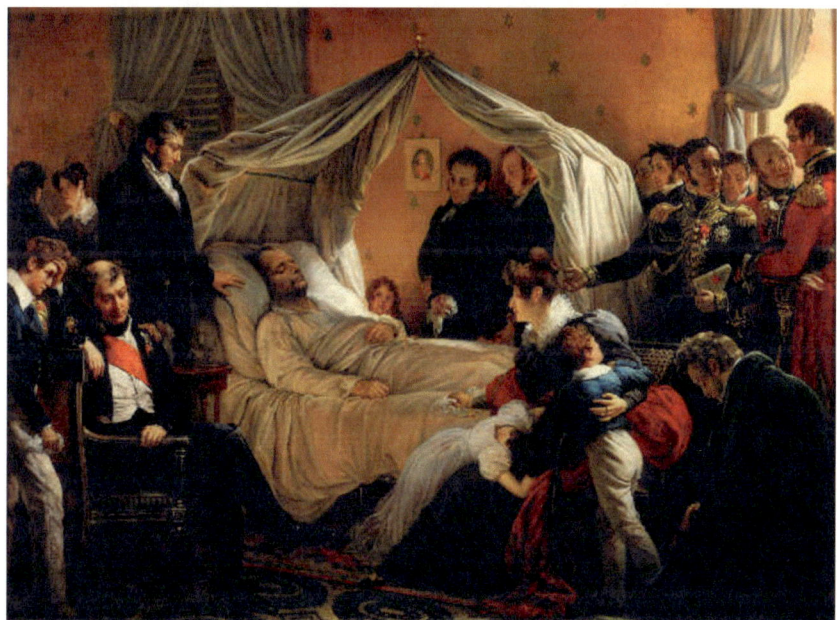

*Abb. 4: Der Tod Napoleons (Gemälde von Karl von Steuben)*

# 2 Literaturverzeichnis

Volker U. (2004). NAPOLEON. Eine Biographie. Reinbek: Rowohlt Verlag GmbH.

Rothenberg G. (2000). DIE NAPOLEONISCHEN KRIGE. Brandenburgisches Verlagshaus in der Dornier Medienholding GmbH Berlin.

Lefebvre G. (2001). NAPOLEON. Cornelsen Verlag Berlin.

Napoleon Bonaparte (2013). Zugriff am 13. Januar 2013 unter http://de.wikipedia.org/wiki/Napoleon_Bonaparte